깨어진 항아리에 꽃 한 송이 피어올랐다

깨어진 항아리에
꽃 한 송이 피어올랐다

오인숙

규장

시인의 말

삶을 소재로 시를 쓰는 것이 아니다.

삶이 나를 소재로 시를 쓴다.

나는 삶의 펜이 가는 대로

시가 되어

당신의 가슴을 두드리고 싶다.

당신의 가슴에서

작은 북소리가 났으면 참 좋겠다.

—

내 삶을 이끄시는 성령님께

찬양과 경배를 드립니다.

언제나 내게 힘을 주는

여진구 대표님과 규장 가족들에게

사랑과 감사를 전합니다.

차례

시인의 말

Part 1
한 가닥 남은
믿음의 끈을 잡았다

Part 2

깨어진 항아리에
꽃 한 송이 피어올랐다

Part 3

하나님은 밤새
아침을 만들고 계셨지

Part 4

오늘 주어진
선물같이 소중한 사람

한 가닥 남은
믿음의 끈을 잡았다

작은 교회

알프스로 오르는

산악열차의 투명한 유리창으로

작은 교회가 엽서처럼

내 안에 들어왔다

동화 속 난쟁이 고깔 같은

갈색 지붕 위에

은빛 십자가가 목걸이처럼 반짝였다

그 작은 교회가

내게 들어와 자리를 잡았다

그 교회는

봄과 겨울의 경계선에 서 있었다

푸르른 초장과 만년설의

중간에 서 있었다

그 작은 교회에는

몇 명의 사람이 있는 걸까?

어떤 한 사람,

울 곳을 찾아 헤매다가

하나님과 독대하려고 들어선

그가 있을 것 같다

그 작은 교회에서

하나님이 그와 함께 눈물을 흘리실 때면

푸르른 초장에 작은 들꽃이 피어나고

만년설 한 줄기 녹아내릴지도 모른다

이따금 나는 그 교회를

경건한 마음으로 화폭에 그린다

작은 교회에서 흘러나온 눈물방울이

양들이 되는 그림을 그린다

〈 샬롬, 마음의 평화 〉

응답

플루트의 가는 허리춤에서
아름다운 신음이 새어 나온다

오래 앓아
플루트같이 길고 가는 허리를 가진 여인이
플루트에 애절한 숨을 불어넣는다

피 묻은 문설주로 만든
나무 십자가를 휘감으며
그녀의 숨결이 플루트의 선율을 타고
하늘로 올라간다

그녀를 위해 눈물방울이 된
간절한 기도의 영혼들이 귀를 기울인다
하늘의 응답에 귀를 기울인다

그녀는 두 다리에 힘을 주고

가는 허리를 휘청이며

하늘의 응답을 연주하고 있었다

"그분의 시간에 가장 아름답게 응답하시리"

인생의 광풍

사는 것이 흔들림이란 걸 알면서도
광풍이 불어 삶을 흔들면
마음이 멀미를 한다

시퍼런 서슬의 광풍이
허름한 삶의 배를 흔들면
믿음이 곤두박질을 친다

두려움에 눈이 멀고
제 안간힘에 지쳐
한 배를 타고 계신
전능하신 분이 보이지 않는다

자아가 파도에 산산이 부서질 때
그제야 미련한 믿음의 손을 내밀며
주님의 옷자락을 부여잡고 울부짖는다
주님의 옷자락을 부여잡고 울부짖는다

〈 인생의 풍랑을 만났을 때 〉

주의력 결핍증

문득문득
소중한 것에 집중하며
살지 못하는 것 같아
생각의 주변을 맴돈다

수많은 생각의 갈래들이
회전목마처럼 나를 빙빙 돌린다

무얼 주목하고 살아야 하는지조차
잊어버리고 산만하게 산다
주의력 결핍증이다

어느 날 집중하지 못하는 아이들에게
집중!
집중!
큰소리를 치다
소스라쳐 놀랐다

"너는 나에게 집중하고 있니?"
예수님께서 나를 보시고 물으셨다

고인 물

하늘을 닮고 싶어
흔들리는 가슴을
숨죽이고
온몸으로 하늘을 받아들인다

흐르고 싶은 마음이야
물인 것을
왜 없으랴만

뺄 길 없어
검게 멍든 가슴을
차라리
하늘에 맡겨 버리고

제 몸을 썩이어
하늘 가슴에
하얀 수련 한 송이 띄운다

희망

우리 집에 고무나무 한 그루가 있다
몸집은 커졌는데―
화분 속에 뿌리가 얽히고 얽혀
숨이 막혔는지
누런 잎을 하나둘 떨구며 시들어 갔다

'하실 수 있으시면…'
믿음 없는 기도의 물줄기 뿌렸는데

어느 날 새잎 하나 돋더니
온통 새잎을 피웠다
고맙다
고맙다
살아줘서 참 고맙다

희망이 내 가슴에서
새잎 하나 피웠다

〈 차 한 잔의 여유 〉

이제는

이제는 인생을
물음표로 살고 싶지 않다
그저 앞에 있는 인생을
느낌표로 살고 싶다

하나님께서 모든 것을 만드시고
"심히 좋다!"
느낌표를 치신 것처럼

내 삶의 순간순간에
느낌표를 치며 살고 싶다
작은 것들에
감동하며 살고 싶다

옷자락을 잡은 여자

언제부터일까,
거절되어진 나는,
여자로 태어난 그날부터인지
병든 그날부터인지

밀어내는 손길이 두려워
내치는 눈길이 두려워
피 흘리는 몸과 마음 숨기고
돌무덤 같은 담을 쌓고 살았다

이제
부끄러운 나를 드러내야 하는 시간,
한 가닥 남은 믿음의 끈을 잡았다

앞에 서지 못하고 무리에 끼어
움츠러진 손을 내밀었다

거절되며 살아온 삶에
잔뜩 주눅이 든 믿음을 추스르며
떨리는 손으로
그분의 옷에 손을 대었다

"딸아 안심하라
네 믿음이 너를 구원하였다"

아아
그녀는 받아들여졌다
거절이 쌓은 담이 와르르 무너졌다

꿈속의 만남

바다는 매끄러운 유리였다
그 유리 바다 위를 맨발로 걸었다
스쳐 가는 은빛 물고기 떼들
현란한 산호들의 유혹

밤마다 독성이 있는 촉수로
지나가는 물고기를 기절시켜
잡아먹는다는 산호가
꽃처럼 아름다운 얼굴로
나를 유혹했다

나는 그 교활함을 모른 채
산호를 가슴에 잔뜩 끌어안고
세상 유리 바다를 걸었다

가슴에 산호들이 죽어 빛을 잃었다
죽은 산호의 허무를 안고 울면서도

그 울음의 의미를 몰랐었다

울음의 끝자락 저 멀리
빛이 나타났다
그래, 빛이었다
하얗게 빛나는 빛
그 빛은 점점 내게 다가왔다
누구신가?
빛으로 내게 오는 당신은

후두둑 죽은 산호들이
손에서 흩어져 버리고
나는 유리 바다 위에
슬픔 가득한 얼굴로 서 있었다

나는 빛을 모르던 장님
누구신가?

나는 오히려 두려웠다
빛으로 다가온 그분이
떨고 있는 나를 안았다

무엇일까?
이 놀라운 평안은?
빛이
사랑으로 내 가슴에 들어와
내가 되었다

〈 목마를 탄 소녀의 꿈 〉

사막에 서다

그녀가,
머리카락을 보랏빛으로
염색했었던 그녀가
엉클어진 검은 머리로
사막 앞에 섰다

숨을 쉴 수 없게 했던
그 인간을 잊으려
먼먼 길을 돌고 돌아
사막 앞에 섰다

사막 앞에 선 그녀는
자꾸자꾸 작아졌다
거대한 사막 앞에서
모래 한 알처럼 작아졌다

'그래 아무것도 아니야

그 인간도

그 문제도

내 상처도

나도

작은 모래 한 알에 불과한 것을…'

그녀는 헤아릴 수 없이 크신

하나님의 세계 앞에서

엉클어진 검은 머리카락을

쓸어 올렸다

다윗의 시

다윗은 벌거벗은 '나'로
시를 쓰곤 했다

그의 시는
'하나님께'였다
그런데 무엄하기도 하고
당황스럽기까지 하다

분노와
슬픔과
고독과
원망을

무화과 잎으로 가리려 하지 않고
하나님 앞에 드러내었다

그는 알고 있었다

모든 것을 아시는 그분 앞에
감출 수 있는 것이
아무것도 없다는 것을

때 묻은 자신의 시를
은혜로 바꾸어주신다는 것을

하나님 앞에
낱낱이 '나'를 고하지 않는 사람은
하나님 앞에
알몸으로 춤을 출 수 없다

왕복을 벗어 던지고
알몸으로 춤을 춘
다윗처럼 춤을 출 수 없다

마음이 곤고할 때

소리 내어 다윗을 따라

그의 시를 읽으면

덧입고 있는 내가 벗겨진다

내 영혼이 알몸으로 춤을 춘다

힘들다

제자가 울면서 전화하기에
힘들면 전화하라고 했더니
날마다 전화를 한다
전화를 받지 않으면 하루 세 번을 한다

'힘들면…'이란 말이
이렇게 힘들 줄 몰랐다

제자의 힘들다는 말과
나의 힘들다는 말의 무게가
달랐던 것일까?

제자는 날마다 힘들다고 징징거리고
나는 그때마다 슬그머니
짐을 진 제자의 등을 밀어
하나님께 보낸다

죄송한 기도

이따금 민족기도원에 간다
코로나 이후 부쩍 사람이 줄었다
주님의 신부로 살아 행복했다는
할머니 원장은
기도하는 집이라 문 닫지 못하고
적자에 시달린다고 한다

민족과 나라를 위해
한 줄 인색한 기도를 드리고
다급한 인생사부터
줄줄이 풀어 놓는다

기도하고 밖으로 나오면
사람 냄새 나는
기도가 죄송해진다

하나님도 때로는 서운하실 텐데

하나님도 때로는 마음 아프실 텐데
이것저것 인간의 요구 많은
기도가 죄송해진다

성전 밖을 나오면
몸을 비비 틀고 선 우람한 콩나무가
줄기를 뻗고 뻗어 그늘을 만들고
그 아래에서 사람들은
달짝지근한 캔 커피를 마신다

긴 나무 의자 위에 앉아
콩깍지 달린 나무를 올려다보면
'재크와 콩나무'가 생각난다

콩나무를 타고 하늘로 올라가
황금알을 낳는 거위와
황금 주머니와 노래하는 하프를 훔쳐

땅으로 내려온 재크가 생각난다

내가 하늘에서 훔치려 하는 것은 무엇일까?
황금알을 낳는 거위와
황금 보따리와
노래하는 하프는 아닐까?
하늘로 올리는 내 기도가 죄송하다

〈 재크는 왜 콩나무 위로 올라갔을까? 〉

하나님의 등

젊고 아름다웠던 엄마의 등에 매달려
나는 살았었다
늘 앓음질을 하는 내게
제일 편한 곳은 엄마의 등이었다

엄마는 나를 포대기에 감싸 업고
겹겹이 쌓아 놓은 이불에 기대어
나를 업은 채 엎드려 잠을 자곤 했었다

요에 눕혀 놓으면 영락없이 울어대는 나는
울보로도 소문이 났었다
울보를 업고 사는 엄마는
울지 않았다

죽어가다가도 살아나는 나에게
엄마는 이렇게 말했다

"넌 특별해, 너를 도와주시는 분이 계셔"
엄마도 나도 그때는 그분을 몰랐었다

엄마의 믿음의 말은
내 영혼을 하늘과 막연히 맺어주었지만
엄마도 나도 몰랐었다
하나님의 등에
나도, 나를 업은 엄마도
함께 업혀 있었다는 것을

놀이

어린 시절 골목에서
계집아이들이 치마를 걷어 올리고
펄쩍펄쩍 줄넘기를 할 때도
사타구니에 돌을 끼고
사방치기를 할 때도
병약했던 나는 그 놀이에 끼지 못했다

내가 할 수 있는 놀이는
모래밭에 앉아
모래 속에 손을 넣고 도닥도닥 다지며
"두껍아 두껍아 헌 집 줄게 새 집 다오"
동그란 두꺼비 집을 만드는 놀이나
땅에 손바닥만 한 금을 그어 가며
한 뼘 두 뼘 따먹는 땅따먹기 놀이가
고작이었다

그나마 그 놀이가

나를 그 골목에서 발붙이고
아이들의 작은 지구에서 어울릴 수 있게 한
참 다행스러운 놀이였다

저녁 그늘이 서서히 머리 위를 덮고
긴 전봇대의 알전등 하나 켜질 때면
엄마들이 목청껏 아이들의 이름을 불러댔다
"들어와 밥 먹어라"

아이들은 놀이를 끝내고
툭툭 손을 털며
미련 없이 집으로 돌아갔다

내가 공들여 만들었던 두꺼비집과
지구 위에 흔적을 남기듯
열심히 줄 그어 차지했던 땅은
도둑고양이 한 마리가

오줌을 싸고 뭉개버렸거나
떠돌이 개가 지워버렸을지도 모른다

구심력이 강한 동그란 지구 위에서
우리는 그런 놀이에 취해 있다가
집으로 오라고 부르시면 돌아가야 한다

미련 없이 손을 털며
땅의 놀이를 끝내고
하늘을 살러 떠나야 한다

〈 아버지의 집으로 〉

웃으시는 예수님

하하하 웃으시는
예수님 그림을 보면서
그 그림은 예수님께 안 어울린다고
어떤 이가 말했다

의인 때문에 웃으셔야 한다면
주님이 웃으실 일이 없을 것도 같지만
주님은 죄인 때문에 웃으신다

피곤해 강대상 뒤에서
높은 구두를 벗어 던지고
맨발로 강의하던 날
밤 기차에 함께 타신 주님께서
하하하 웃으셨다

나 바쁘다고
극동 방송에 나갈 원고를 써야 한다고

팔꿈치로 주님을 밀어냈을 때도
하하하 웃으셨다

왜 얌전한 나를
여기저기 낯선 곳에서
용사처럼 다니게 하시느냐고
투덜댔을 때도
하하하 웃으셨다

나는 예수님도 이따금
철딱서니 없는 죄인 때문에
웃으신다는 것을 안다

철딱서니 없는 아이 앞에서
웃는 아빠처럼
하하하 웃으신다는 것을 안다

백지 한 장 차이

고민으로 두 볼이 홀쭉하게 패인 후배가
어떻게 마음먹느냐에 따라
지옥도 천국도 될 수 있더라고
그것은 백지 한 장의 차이더라고

백지 한 장을 넘을 수 있는 방법은
오직 하나, 기도더라고
식은 커피잔 앞에서 말했다

후배의 눈에 눈물이 어리는 것을 보면서
그가 말하는 백지 한 장의 두께를
나는 알 것도 같았다

백지 한 장이 얼마나
두껍고 높은 장벽이었을까를
어떻게 생을 위협해 왔을까를
얼마나 인간의 나약함에

눈물을 흘리게 했을까를

여리여리한 알바생에게
따끈한 물 한 잔 청해
말 한마디 풀어 후배에게 건넸다
"맞아, 기도밖에는 없어"
후배가 내 말에 고개를 끄덕였다

Part 2

깨어진 항아리에
꽃 한 송이 피어올랐다

그래도 햇살이

간밤에 바람이 모질게 불었나보다
잔 나뭇가지가 꺾여
땅 위에 널브러져 있다

밤을 앓는 이들은
바람의 매몰찬 소리도
나뭇가지 부러지는 소리도
들었으려나

아침 햇살 한 줄기
하나님의 손길로
가지 꺾인 나무를 어루만지고
밤새 앓은 이
앓는 소리 삼키며
하루의 신발 끈을 묶을 때
등에서 출렁인다

갈증

삶은 늘 목이 마르다
욕망의 항아리를 채울 수가 없다
불타는 삶의 태양 아래
깨어진 항아리를 든
여인은 목이 탔다

그녀는
영원히 목마르지 않을
생명수를 마시고 싶었다
그녀의 간구가 하늘 문을 두드렸다

갈증의 삶에
깨어진 삶에
한 줄기 생명수 쏟아지자
그녀의 깨어진 항아리에
꽃 한 송이 피어올랐다

〈 삶이 목마른 여인 〉

호주머니

내 호주머니에는
영수증도 들어 있고
핸드폰도 들어 있고
침 묻은 손수건도 들어 있다

그런데 그 분의 호주머니에는
언제나 성경 구절이 적힌
말씀 쪽지가 들어 있다

저고리 앞쪽 커다란 호주머니에도
가슴 앞쪽 포켓에도
바지 뒤쪽 두 개의 호주머니에도

이 호주머니 저 호주머니에서
말씀 쪽지를 꺼내 보이며
그 분은 환하게 웃었다
"내가 세상에서 제일 행복한 사람이야"

하면서 웃었다

세상에서 행복한 사람이 되지 못한 나는
내 호주머니가 부끄러워
호주머니에 손을 쑤셔 넣었다

〈 나무들의 이야기 〉

나무들의 이야기

나는 나무가 좋다
있게 된 그 자리에
말없이 서 있는 나무가 좋다

모진 세월 보내며
얼마나 많은 이야기를
품고 살았겠냐마는

그저 가슴에 품고
묵묵히 하늘을 향해 팔을 들고
서 있는 나무가 좋다

그래도 지나온 세월이
아름다웠노라고
바람에 몸을 흔드는
나무가 좋다

날개

어린 조카가 날겠다며
보자기를 망토인 양 두르고
울타리 위로 올라가 뛰어내렸다

코가 깨졌다
이마도 깨졌다
가족들은 기겁하여
보자기를 감춰버렸다

조카는 계속 날기를 시도했을 것이다
어떤 보자기를 둘렀는지는 모른다
절대 말하지 않았다
보자기를 빼앗길까 봐

어른이 된 조카는 계속 날기를
시도하고 있는 것 같다
이제는 그의 보자기를 감출 생각은 없다

꼭 성공하지 않아도 된다

코가 깨지고 이마가 깨져도
너의 시도에 박수를 보낸다
꼭 성공할 필요는 없다
시도하는 너는 충분히 아름답다

실패가 성공의 어머니라고
말하고 싶지도 않다
너무 아프다는 것을 알기 때문에

오늘도 나는 조카의
날려는 시도에 기도 한 움큼 보낸다
조카의 어깻죽지에
하나님의 날개가 달리기를

아버지

풀 먹인 하얀 모시옷에
하얀 백구두를 신고 여름을 나고

검은 모직 외투에
중절모를 쓰고 겨울을 나며
세월을 돌던 나의 아버지는

세월을 도는 횟수만큼
바람이 빠지듯 점점 줄어들었다
친구의 죽음을 듣는 날이면
하루 반나절을 앓았다

죽음으로 침상에 누인
아버지가 젊어졌다
주름살이 쫙 펴진 얼굴로
아버지는 잠자듯 누워 있었다

나는 그토록 아름다운

아버지의 얼굴을 본 적이 없었다

아름다운 아버지의 얼굴을 쓰다듬었다

아버지는 차가운 대리석이었다

미켈란젤로의 다비드상보다

더 아름다운 조각이었다

아버지는 자식들에게

유산을 남기지 못했다

그러나 아름다운 죽음을 남겼다

그날

하늘은 하나님의 눈동자처럼

깊고 푸르렀다

아름다움이 된 아버지의 자손들은

그 하늘을 마음껏 날았다

작은 이야기가

새날을 눈 뜨며 신선한 기도를 올렸다던가
갓 나온 잎새가 하늘대는 것을 보았다던가
바람이 볼을 스치고 지나갔다던가
이웃집 아이와 눈 맞춤을 했다던가
배고픈 고양이 한 마리에게
먹이를 주려 했더니 도망가 버렸다던가

그런 작은 이야기가 네게 있다면
행복한 사람이라는 걸 넌 알고 있니?

〈 누군가 너의 우산이 되어 〉

삶

힘을 잔뜩 주고 살았다는 걸
마음까지 아픈 후에야 알았다니
인생은 마라톤이 아닌데
인생은 수영인데

힘을 주면 가라앉고
힘을 빼야 뜨는 수영인데
목 하나쯤은 물속에 푸욱 잠겨야
은혜로 뜨는 건데

목이 곧은 백성으로 살았으니
힘들게 살 수밖에 없었겠다

병

인생을 살면서
상처로 가슴도 아프고
인간관계로 열에 들뜨기도 하고
마음도 몸도 아플 때가 있다

견딜 수 없이 아플 때면
코가 헐어 울고 있는
아이의 콧물을
혀로 핥아 씻겨주었다는
한 아버지를 생각한다

그 아버지의 사랑으로
아파서 눈물 콧물 흘리며 울고 있는
병든 나를 씻겨주시길 기도한다

도둑맞은 시간

사랑하지 않은 시간이
도둑맞은 시간이라면
내 시간은 툭툭 털려
계산조차 부끄럽다

과속 질주하는 시간이
성공의 저축이라고
세상은 믿고 있는데

봉오리 터뜨린 꽃 한 송이 보고
이슬 젖은 풀 한 포기 보고
하나님의 솜씨에 미소 지으며
곁에 있는 한 사람 사랑하면서

그리 산 시간이
내 시간으로 남겨진 시간이라면
도둑맞은 시간은 어떻게 찾을까?

Time not loved is time stolen

〈 잃어버린 시간을 찾아서 〉

점수

나 자신도 모르면서
너를 다 아는 것처럼
잘도 네 점수를 매긴다

너의 감정을
너의 행동을
너의 생각을
다 아는 것처럼

그야, 감히 하나님이 되려 했던 인간이니

단물과 쓴물

한 우물에서
단물과 쓴물이 나올 수 없는데
찬양하는 입에서
잘도 욕이 튀어나온다
믿는다는 입에서
잘도 '안 된다'는 말이
툭툭 튀어나온다

단물을 자꾸 길어 올리지 않으면
쓴물이 단물을 삼켜 버리니 어쩌나

바리새인

그들은 제 뜻에 맞춘
율법의 잣대를 들고
사랑을 쫓아다녔다
그들은 언제나 자신들이
옳다고 생각했다

그들은 즐겨 사랑을 잣대로 때렸다
긴 옷 입고 거리를 휘젓는 거룩한 자로
하나님께 열심인 종교인으로
사랑을 잣대로 때렸다

안식일의 밀밭 사이에서도
눈먼 자가 고침을 받을 때도
귀신을 내쫓을 때도
간음한 여인이 용서를 받을 때도
그들은 사랑을 괴롭혔다

드디어 그들은

사랑을 십자가에 못 박기로 공모했다

그들은 자신의 종교에 박수를 보냈다

그들은 자신의 이름을 자랑스러워했다

바리새인—

그때의 그 바리새인이

내 안에서도 슬그머니

고개를 내밀 때가 있다

잘난 얼굴을 들고

너를 위한 기도

꽃 한 송이
흘러가는 구름 한 조각
반짝이는 별 하나
그걸 잊고 살았다면
슬픈 인생이지

내일을 앞당겨 걱정하느라
발끝만 내려다보고 살았다면
슬픈 인생이지

너의 꽃
너의 구름
너의 별

이제라도
너의 눈 안에 사랑으로 머물기를

〈 지나온 길〉

불평

도공이 흙을 빚어
쓸모 있는 것들을 만들었다
대접도 만들고
종지도 만들고
화병도 만들고
도자기도 구웠다

그런데
대접은 대접으로 만들어진 것을
종지는 종지로 만들어진 것을
화병은 화병으로 만들어진 것을
도자기는 도자기로 만들어진 것을
불평했다

그래서 자신을 함부로 굴렸다
자기 자신을 공격했다
그들은 조각조각 깨어져 버렸다

도공은 흩어진 조각들을 모아

대접도 종지도 화병도 도자기도

다시 만들었다

그것들은 자신을 불평하지 않았을까?

불평은 자신들의 몫이 아니라는 걸 알았을까?

〈 너를 위한 기도 〉

사랑

사랑을 더 하는 사람이
사랑을 덜 하는 사람에게
질 일이 아니어도 진다

사랑을 더 하는 사람이
사랑을 덜 하는 사람을
서럽게도 그리워한다

그 아이의 눈에

아프리카로 의료 선교를 떠났던
그가 예수님을 만나고 왔다고 했다

사역 중 그는
에이즈에 걸린 아이를
데리고 온 사람에게 짜증을 내며
손을 싹싹 씻었다

마른 나뭇가지처럼
앙상한 아이는 움직이지 않고
커다란 까만 눈으로
그를 바라보고 있었다

돌아서려던 그와
아이의 눈이 마주쳤을 때
아이의 까만 눈동자 속에서
예수님이 슬픈 눈으로 그를 보고 계셨다

그는 얼른 아이의 손을 잡았다

얼마나 많은 아프리카 아이들의 눈 속에
예수님이 계시는 걸까?

신을 벗어야 할 때

이제
신을 벗어야 할 때가 왔다
모래밭을 걸어
광야를 걸어
세상길을 걸어
먼지투성이가 된
신을 벗어야 할 때가 왔다

하나님의 불타는 임재 앞에
더러워진 신을 벗어야 할 때가 왔다

"네 발의 신을 벗어라" 하시는
그 장엄한 목소리를
들어야 할 때가 왔다

더러워진 신을 신고는
새로운 길을 갈 수가 없다

내가 나를 고집하던 신을 벗을 때

주님은 못 자국 난 손으로

내게 새 신을 신기시고 동행하신다

멈추며 가자

달리다
달리다
뒤꼭지가 당겨 멈칫 멈춰 섰다

누가 나를 불러 세운 것일까?
내 영혼이 따라오느라 숨이 차단다
잠시 잠시 멈추며 가자고 한다

바람처럼 스쳐 가는
하나님의 음성도 듣고
민들레 홀씨처럼
하늘에 찬양을 날리면서
잠시 잠시 멈추며 가자고 한다

〈 마음에 바람이 부는 날 〉

가을비 오던 날

가을비
질펀하게 내리던 날
마냥 비를 맞고 가는
한 노인과 우산을 함께 썼다

"난 참 한도 많고 원도 많은
늙은이라오"

비가 고이듯
노인의 눈에
눈물이 질척하게 고이고

노인은 자꾸 같은 말을
되풀이했다

"난 참 한도 많고 원도 많은
늙은이라오"

나는 그저
빗줄기만 바라보고 있었는데

불쑥
노인이 물었다
"하나님 믿으면 다 들어주실까?"

가을비 내리는 저녁
텅 빈 골목길 우산 속에
또 한 분이 계셨음에 놀라며

나는 그분 대신 얼른 대답했다
"그럼요, 그렇고 말고요"

Part 3

하나님은 밤새
아침을 만들고 계셨지

빚

문득
참 많은 빚을 지고
살았다는 생각이 든다

왜 그리 철이 없었는지
빚을 지고도
빚인지도 모르고 살았다

사랑이 빚이라는 것을
왜 모르고 살았는지

이제 갈 길은 짧은데
그 빚을 언제 다 갚을까

욕심

아침에 눈을 떴을 때
햇살 한 줄기 슬쩍 들어와 소파에 앉았거나
청량한 비 한 줄기 지붕을 두드렸거나

까치 한 마리 꽁지를 까불어 댄다거나
지구의 자중해달라는 부탁을 듣는다거나

매일 밥솥에 잡곡 섞어 밥을 짓는다거나
구두 뒤축 꺾어 신고 일터로 뛰어간다거나

그런
무미건조한 일상의 반복이
기적이라는 걸 모르는 것이
욕심이지

〈 일상을 뜨개질하다 〉

하나님은 무얼 하고 계셨을까?

미친 바람이 밤새
세상을 휩쓸어 버리겠다고
천지를 윙윙 울게 했다

작은 아이 하나
우두둑 나뭇가지 부러지는 소리에
화들짝 놀라 이불 속을 파고들었다

검은 장막 같은 어둠이 걷히고
그래도 언제나처럼
아침이 왔다

밤새 떨던 아이가
의심에 가득 찬 얼굴로
아빠에게 물었다
"어젯밤에 하나님은
무얼 하고 계셨나요?"

아빠는 아이를 보듬어 안으며 대답했다

"아침을 만들고 계셨지"

별꽃

"이 꽃은 잡초예요?"
외국에서 살다 온
올케가 내게 물었다
"아니, 별꽃이야"
"별꽃? 이 꽃 이름이 별꽃이에요?"
"내가 그렇게 불러"

지난해 내실 밖으로 난
계단이 허전하다며
언니가 커다란 플라스틱 화분을
세 개 사 왔다
잡초 같은 풀줄기에 분홍빛 작은 꽃들이
다닥다닥 땅을 기듯 피어 있는 화분이었다

가는 줄기에서 작은 꽃들이 피고 지더니
겨울이 오자 꽃은 시들고 줄기는 말라버렸다
빈 화분만 덩그러니 버려졌다

새봄이 오자 죽은 줄 알았던 줄기에서
작은 꽃들이 하나둘 피기 시작하더니
얼마 가지 않아 화분 가득 꽃을 피웠다

그 꽃은 작은 생명으로 빛나 보였다
밤하늘에 등을 켜듯 반짝이는 별로
한 송이 한 송이가 생명의 신비로 보였다
나는 그 꽃을 별꽃이라고 불렀다

굳이 꽃의 실명을 알 필요가 없었는데
북한산 자락 야외 레스토랑에서
그 꽃 이름을 알아버렸다
나는 무언가 잃은 듯 서운했다

꽃 이름을 물었던 올케에게 전화해서
"그 꽃 이름 말이야, 꽃잔디래"
내 서운함을 알아차렸는지

올케는 가당치 않다는 듯 목소리를 높여
"아니에요. 그 꽃은 별꽃이에요"라고 했다

그래, 이름이 무에 그리 중하냐
내가 별이라면 별이지
그 꽃은 별꽃이야

번데기의 꿈

자신이 나온 알껍질을
갉아 먹은 애벌레는
허물을 벗고 입에서 실을 뽑아
자신을 감출 고치를 지었다

고치 속의 번데기는
죽은 듯 나무에 매달려
생명을 꿈꾸고 있었다

암흑의 둥지 안에서
날아오를 날개를 만든다
세상을 더듬을 더듬이를 만든다
나비가 되려는 소망은
제 껍질을 찢는 아픔도 견뎌낸다

죽은 듯 매달려 사는
번데기 같은 삶일지라도

거듭날 생명의 줄을 잡고 있다면

하늘을 꿈꾸어도 좋으리

〈 고치. 나비를 꿈꾸다 〉

구름

구름에게 반해
구름을 찾아다닌다는 여인이
배낭을 메고
산천을 쏘다녔다

구름은 하늘에 있는 건데
무얼 그리 찾아다니느냐고
묻는 이에게
말없이 웃어만 보이며
그녀는 구름을 좇아다녔다

그녀에게 구름은
한순간밖에는 볼 수 없는
욕심내 간직할 수 없는
하나님의 작품이었다

그녀의 배낭 속에는

그녀가 이름 붙인 구름들이

이름 있는 구름이 되어

소복이 담겨 있다

연

하늘을 나는 연이 연다울 수 있는 것은
자신을 잡고 있는
팽팽한 실의 실존을 느낄 때이다

인간이 인간다울 수 있는 것은
나라는 존재를 잡고 있는
창조주의 실존을 의식하며 살 때이다

기적

가난한 아이의 도시락은
떡 다섯 개와 작은 물고기 두 마리
아이는 그것도 너무 좋아
가슴에 품고 들로 뛰었다
그때까지 아이는 제 가슴에 있는
가능성이 무엇인지 몰랐다

말씀이 들을 적셔 촉촉하고
풀 내음은 향기로웠다
노을이 서서히 내려와
들을 황금빛으로 물들일 때
무리의 육신은 배가 고팠다

아이는 거룩하신 손에
떡 다섯 개와 물고기 두 마리를 드렸다
그분은 하늘을 향해 축사하시고
떡을 떼어 오천 명을 먹이셨다

아이는 제 가슴에 있던 가능성이,

제 손에 있던 작은 가능성이,

기적이 될 수 있음을 알았다

그분께 드릴 때에

〈 당신의 삶에도 기적이(오병이어의 기적) 〉

유리창

네 유리창은 단단히 닫혀 있고
거미 한 마리 대롱대롱 매달려 있다
위태로운 곡예를 하며 매달려 산다

이제 네 유리창을 열어라
활짝 활짝 열어라
하나님도 함부로
네 유리창을 여시지는 않는다

한 장 유리창이 두텁기만 하다
밖과 안의 거리가 멀기만 하다

바람 한 폭 네 유리창을 스쳐 가고
풀꽃 향기 머물다 가고
나비 한 마리 거미줄에 걸려 버둥댄다

유리창을 여는 일은 네가 할 일

일어나라

검은 커튼을 걷어라

네 유리창을 열어라

기다리던 하늘이 훅 들어와

네 가슴을 푸르름으로 채우리니

빛이 네 어두움을 몰아내리니

닭이 울면

새벽닭이 울면
죄가 생각나
우는 사내가 있었다

죽는 데까지 함께 가겠노라던
맹세를 저버리던 그 뜰에서
슬픈 눈으로 자신을 돌아보던
그 눈빛을 잊을 수가 없었다

'닭아, 제발 울지 마라
내 죄가 네 벼슬보다 더 붉고 크구나'
사내의 회개의 눈물은
하늘의 새벽별이 되었다

죄책의 자리를 털고 일어선 사내는
자신이 배신했던 이를 위해
십자가에 거꾸로 못 박혔다

〈 새벽닭이 울 때 〉

죄인

끔찍하게 시커먼 파도가
밀려오는 꿈을 꾸고
혹독한 시련을 겪었다

당황하고 분했다
보복할 꿈을 꾸었다

그러다
그러다

문득 나도 죄인이라는 걸 깨달았다
단지 용서받은 죄인일 뿐이라는 것을

겨울 그리고 봄

인생의 길목에서 모든 것을
떨구고 선 나목의 허허로움으로
세찬 바람을 울어야 하는
헐벗은 영혼으로
하늘을 향해 두 팔을 들고 선 겨울

나는 그 겨울 속에서
문득문득 봄을 본다
봄이 겨울과 함께 숨을 쉬고 있다
신선한 생명의 꿈틀거림에
내 혈관 속의 이물질이 씻겨 나간다

올겨울에도 나는 봄을 볼 것이다
아이들이 집으로 돌아간 텅 빈 놀이터에서도
외투 깃을 올리고 뽀얀 입김을 뿜어내면서도
어깨를 웅크리고 걷는 사람들 속에서도

환하고 따뜻한 봄을 볼 것이고

가슴 설레며 겨울조차 사랑할 것이다

〈 겨울꽃은 봄을 부른다 〉

노란 프리지어

식탁 위에 말간 투명 유리잔에 꽂힌
노란 프리지어가 은은한 향취를 흘린다
남편의 사업이 망해 꽃가게를 연 여인이
봄날에 안겨준 선물이다

노란 프리지어에는
새벽 꽃 시장을 동동거리는 그녀가
꽃을 다듬다 손을 가시에 찔린 그녀가
꽃이삭에 매달려 있다
"꽃집 일, 중노동이에요"
그녀가 담백하게 웃으며 내게 말했다

그녀는 삶을 투정하지 않는다
그저 제 몫의 삶을 담백하게 받아들인다

"프리지어의 꽃말은요
천진난만이라고도 하고

당신의 앞날이라고도 한대요"
그녀가 노랗게 웃으며 내게 일러주었다

투명 유리잔에 꽂힌 노란 프리지어의
향취를 들숨처럼 들이마시며

삶을 투정하지 않는 천진난만한
그녀의 앞날이 프리지어처럼 아름답기를
어느 봄날에 기도한다

숲

숲이
장엄하고 아름다운 숲이
한 마리의 새로 인해
잠을 깬다는 건 놀라운 일이다

그 숲이
온몸으로 한 마리의 새를
부르는 것도 놀라운 일이다

수십 수만의 새들을
가슴에 품고도
한 마리의 새를
못 잊어 한다는 건 더 놀라운 일이다

숲이
지으신 이의 마음을 닮아
낮은 마음으로 작은 것들을

품고 있다는 건 더욱 놀라운 일이다

〈 갈대밭의 가을 〉

가을의 기도

나를 탈출한 언어들이
깃털처럼 날아가 버리고
그만큼의 공허가 가슴에 몰려온다

가을,
이제는 언어를 안으로
영글려야 하는 계절

가을의 기도는 깊고
귀뚜라미 울음소리는
영혼의 밤을 지새운다

드보라

종려나무 아래서
지혜롭게 재판을 하고
적군을 물리치도록 전략을 짜며
'일어나'고 하나님의 군대를
호령하던 드보라가
승리의 배후에 계셨던 하나님을
아름다운 노래로 찬양했었다

그 용감하고 지혜로웠던 드보라는
성경 가방을 휘두르고
치마폭을 날리며 전도하던
여인들의 발걸음에서
설핏 얼굴을 내밀기도 하고

들로 산으로 흩어져
밤새 목놓아 기도하던
울음 많았던 여인들의

웅크린 등을 다독이기도 했는데
웬일인지 쉽게 볼 수가 없다

염치없이 자신의 이름을
도용해 쓰는 수많은 교회의 드보라 속에
그녀가 얼굴을 내비치지 않는다

드보라의 이름을 빌린 드보라들이
여기가 좋사오니
교회에 모여 앉아
세상 이야기로 즐겁고
있는 것 자랑도 은근한데

진짜 드보라는 교회 밖을 서성이며
길게 한숨을 쉰다

가을

땅에서 뒹구는 가로수 낙엽 한 잎에
빵 굽는 냄새가 나는 작은 빵집에
스쳐 가는 그대의 좁은 어깨에
꽃무늬가 현란한 앞치마가 걸린 옷집에
산책을 나온 늙은 강아지의 구부정한 등에
가을이 잠시 앉았다가 벌떡 일어선다

"곧 겨울이 올 거야
겨울을 준비해야지"
아무도 가을의 말에 귀 기울이지 않는다

그의 은사

두 종류의 사람이 있다
남에게 에너지를 주는 사람
남의 에너지를 빼앗는 사람

그는 나에게 에너지를 주는 사람이다
바쁜 그의 시간을 빼앗을까 조심스레
"잘 있느냐?"는 평범한 안부를 건넨다

내가 그에게 건네는 안부는
사실 내 안부를 물어달라는 요청이다
내 에너지가 바닥이 났으니
잘 있느냐고 물어달라는 요청이다

교인들이 다 하는 식상한 말을 그도 한다
"기도하면 되지요. 뭐"
"아 참, 그놈의 사탄을…"
그런데 그런 말도 그가 하면

동력 강한 에너지가 된다
나에게는 그렇다

그는 하나님의 사람이다
나를 가족이라고 불러주는
그가 고맙다

욥의 친구들

모든 것을 잃고
재 가운데 앉아서
질그릇 조각으로 제 몸을 긁고 있는
욥의 곁에 세 친구가 앉았다

네 고난에는 원인이 있다
회개하라 하나님의 심판이다
고난의 이유는 교만이다
네 죄 때문이다

그들은 맞는 말을 했다
맞는 말이 다 옳은 말은 아니다

욥이 대답했다
"너희는 재난을 주는 위로자들이구나"
"너희가 내 마음을 괴롭게 하며
말로 나를 짓부수기를 어느 때까지 하겠느냐"

"지혜 없는 자를 참 잘도 가르치는구나

큰 지식을 참 잘도 자랑하는구나"

이 시대를 사는 고난당하는 욥들이

내게 위로자가 되어주기를 청하면

욥의 친구들이 되려는 내 입을 틀어막는다

오히려 전능자를 트집 잡은 욥의 편에 선다

하나님이 욥의 편을 들어주셨기 때문이다

천사

이 땅에 사는 천사는 날개가 없다
날개를 가슴 속에 감추고 산다
로뎀나무 밑에 쓰러진 사람을 위해
빵을 물어 나르는 그는 천사다

로뎀나무 그루터기에 앉아
지친 이의 곁을 말없이
지켜보아주면 그는 천사다
천사는 자신이 천사인지 모른다

천사가 곁에 있는 사람은
그의 가슴에도 작은 날개가
돋아날지 모른다

〈 천사 꿈을 꾸는 아이 〉

머리카락

길고 탐스럽게 빛나는
자신의 머리카락을 사랑한 왕자가 있었다
일 년에 한 번 탐스러운 머리카락을
왕의 저울에 달아보는 것이 그의 기쁨이었다

그는 아름다운 자신의 머리카락에
빛나는 왕의 관을 씌워주고 싶었다
아름다운 머리카락으로
백성들의 마음을 훔쳐내고
반역의 깃발을 들었다

그는 빛나는 머리카락을
승리의 깃발처럼 휘날리며
눈물을 밟고 가는
아버지 다윗 왕을 추격했다
노새를 채찍질하며 날쌔게 달려갔다

상수리나무 숲을 지날 때
그의 머리카락이 상수리나무 가지에 걸리고
가지는 아름다운 머리카락을 옭아매었다
교만과 심판의 상징인 상수리나무는
끝내 머리카락을 놓아주지 않았다

왕자의 빛나는 머리카락이
인간의 내부에 숨겨져 있다
나의 존재를 위해
근원을 파멸시키려 하는 콤플렉스

나의 실존이
바람에 휘날리는 왕자의 머리카락처럼
교만으로 펄럭일 때는
얼른 머리를 숙여야 한다
언제 상수리나무 밑에 설지 모르기 때문에―

어린 나귀

어린 나귀 새끼 한 마리
아무도 타보지 않은 나귀 새끼 한 마리
거리를 지나가는 것들을 구경하면서
문 앞 거리에 매여 있었다

두 남자가 매여있는 나귀를 풀었다
겁이 많은 어린 나귀는 얼어 버렸다
나귀 대신 사람들이 물었다
"새끼를 풀어 무엇 하려느냐?"
"주가 쓰시겠다 하신다"

어린 나귀는 거리를 걸으며 생각했다
'나를 쓰시려는 주는 누구실까?
왜 나를 쓰시려는 걸까?
약하고 어린 나를…'

사람들이 옷을 벗어 어린 나귀의 등을 덮었다

만물의 주인이신 분이 어린 나귀 등에 타셨다
어린 나귀는 행복했다
멋진 말도 아니고 든든한 나귀도 아닌
'나를 쓰시다니…'

사람들은 나뭇가지를 길에 펴고
아이들은 호산나 호산나를 외치며 따랐다
어린 나귀는 아이들처럼 신이 나서
예루살렘으로 들어갔다

어린 나귀는 그 길이 십자가 고난이
시작되는 길이라는 것을 몰랐다

어린 나귀는 자신의 등에 앉으신 분이
얼마나 무거운
세상의 죄 짐을 지고 계신지 몰랐다

어린 나귀는 그저 쓰임을 받는 자신이

자랑스러웠고 신이 나서 춤을 추듯 걸었다

말의 해석

'아' 했는데도 '어' 했다고 하고
'어' 했는데도 '아' 했다고 한다
그걸로 마음 상하지 마라
원래 그런 거다

'우리'라는 말로 바벨탑을 쌓으려 했던
그때 그 탑 아래에서의 교만으로
'나'와 '너'의 말의 해석은 어지럽혀졌다

나도 그렇다
내 생각대로
'아'를 '어'로 해석하는 일
익숙해져 있다

하루가 끝나면
입술의 파수꾼에게 안부를 묻는다
오늘도 입을 잘 지켰느냐고

얼레빗

햇살 바른 툇마루에서
어머니가 딸들의
엉클어진 머리카락을
썩썩 빗겼다

딸들은 결혼해
자식을 낳은 뒤에야
아프게 빗기던
어머니의 얼레빗질이

'나처럼 살지 말아라'라며
어머니가 밤새
기도의 동아줄로 끌어내린
반달이었다는 걸 알게 되었다

꿈꾸는 소년

한 소년이 꿈을 꾸었다
자신이 묶은 곡식단을 향해
형들의 곡식단이 절을 하는 꿈을,
태양도 달도 열한 별도
자신을 향해 절하는 꿈도 꾸었다
꿈은 철딱서니 없는 소년에게 왔다

꿈은 시련을 겪어야 정제된다
아비가 입혔던 채색옷을 벗기우고
소년은 구덩이에 던져졌다
소년의 형들은 '꿈꾸는 자' 요셉을
꿈과 함께 팔아 버렸다

소년의 형들은 소년의 꿈에서
하나님의 섭리를 빼내 버리려 했다
독한 상실의 아픔을 소년에게 안겨주려 했다

형들 역시 꿈을 꾸고 있었다

그러나 신앙이 없는 꿈은

독한 열매처럼 붉은 빛을 토해냈다

그들은 시기했다

소년의 꿈을 품고 있는 하나님의 섭리를-

〈 별을 꿈꾸던 소년 요셉 〉

발칸산맥의 장미

발칸산맥의 장미는
자정에서 새벽 두 시까지
가장 춥고 어두운 밤을 보내고
그 추위와 어둠 속에 제 꽃잎을 떨구면
세상에서 가장 향기로운 향수가 된단다

누군가 향기로 피어나려면
발칸산맥의 장미같이
춥고 어두운 시간을 보내고
제 꽃잎을 다 떨구어야 하는 건가?

오랜만에 만난 이가
어둠이 끝이 없다고 했다
하나가 지나가면 또 하나가 오고
끝도 없이 추운 어둠이 온다고 했다
어둠 속에 자신의 것들이
다 떨어져 나가고 있다고 했다

나는 장미같이 아름다웠던 그녀의
초췌해진 어두운 얼굴을 보면서
엉뚱하게도
그녀가 발칸산맥 장미의 향수가
될지도 모르겠다는 생각을 했다

Part 4

오늘 주어진
선물같이 소중한 사람

인생은 아름답다

인생이 아름답다는 것은
사람이 아름답다는 것이다
사람은 자신의 세계에 이름을 붙인다

첫 사람 아담이 창조주의 손에 이끌려
사물에 이름을 붙여주며
신의 세계 속에서
자신의 세계를 창조하였듯
사람은 자신의 세계에 이름을 지으며
인생에 가치를 부여해 간다

인생이 아름답다는 것은
사람이 자신의 세계에
아름다운 이름을 붙여주었기 때문이다

돌처럼 구르고 차이는 인생을 살면서도
순간순간일지라도 문득

"아! 인생은 아름답구나"

고개를 끄덕여 줄 수 있다면

인생은 아름다운 것이다

〈 꽃비 내리는 날 〉

사랑하는 사람은

사랑하는 사람은
이 세상의 모든 것에
아름다운 의미를 부여한다

한 포기 풀도 아름답고
우는 아이도 아름답고
어깨에 똥을 싸고 날아가는
비둘기 한 마리까지 아름답고
…

누군가를 사랑할 때
사람은 아름다워져서
세상이 아름답다고 노래한다

과거

어린 시절 추억 속에
작은 목공소가
벽에 걸린 빛바랜 그림처럼
떠오를 때가 있다

목공소에는 무표정한 사내가
나무를 톱으로 자르거나
대패로 밀고 있었다

어린 우리는
네모반듯한 나무토막이나
톱밥 한 움큼 소꿉놀이에 쓰려고
비릿한 냄새가 나는 목공소 안으로
도둑고양이처럼
살금살금 기어들곤 했었다

사내가 대패질을 할 때면

나무는 결이 선명한 종잇장처럼

나풀나풀 떨어져 내렸고

톱질을 할 때면

하얀 톱밥이 바스러져 내렸다

어린 우리는 굳이

톱밥이 나무였었다는 것을

기억할 필요가 없었다

톱밥이 나무가 다시 될 수 없다는 것도

기억할 필요가 없었다

그런데 세월이 흐른 후

아픈 과거 때문에

현재를 울고

미래를 꿈꾸지 못하는 사람을 만나면

추억의 목공소가 떠오르는 것이다

내 추억 속에 정지된
목공소 안의 작은 계집아이가
다시는 그때의 어린 계집아이가
될 수 없는 그 아이가

과거는
이미 톱밥으로 켜진 나무일 뿐이라고
어른이 됐으면서 그것도 모르느냐고
목공소 안에서 살금살금 기어 나오며
귀띔을 한다

한 사람을

너무 많은 것을 사랑하고
너무 많은 사람을 욕심낸다
먼발치의 대중은 오로라처럼 매혹적이고
가까이 있는 사람은 그저 그렇게 늘
그 자리에 있는 정물 같은 한 사람이다

부엌에서 아침밥을 짓는 한 사람
꾸부정한 어깨로 집을 나서는 한 사람
종종 아파트에서 마주치는 한 사람
하트 이모티콘을 보내는 한 사람

그 한 사람은 무관심을 제일 싫어한다
그 한 사람은 언젠가는 떠날 준비를 한다

오늘 주어진 선물같이 소중한 사람
그 한 사람을 잃으면 모든 사람을 잃는다
너의 우주를 잃는다

〈 사과밭의 약속 〉

나중에 만나요

남편이 퇴근이 늦는다고 하는 날이면
의사 가운을 벗으며
그녀는 내게 전화를 했다

우리는 동네 음식점을 돌며
묵밥도 먹고
비빔밥도 먹고
만두도 먹었다

그리고 골목 어귀
늙은 총각네 찻집에서
마음을 툭툭 털어 찻잔에 넣고
시간을 휘저으며 웃었다
카페 문을 닫을 때면
별 서너 개 하늘에 반짝였다

한 톤 높은 그녀의 명랑한 음성이

환자들의 마음의 주름까지 폈는데
그녀가 병이 들었다
우리는 하나님께 매달렸다

그녀가 보고 싶어 한다기에
병원으로 달렸다
'제발 데려가지 마시기를…'
그녀의 생명줄을 틀어잡고 달렸다

나를 보자 그녀는 입술을 달싹였지만
말이 되어 나오지 않았다
그녀의 차가운 손이 내 손을 끌어
자기 가슴에 대고 눈으로 말했다
'기도해주세요'

나는 "주여! 주여!"만 반복했는데
부기로 일그러져 있던

그녀의 얼굴이 아름답게 피어났다
빛이 그녀를 감싸 안았다

그녀가 나를 보고
또렷한 목소리로 말했다
"우리 나중에 만나요"
그녀는 하늘 집을 향해 뒤돌아서며
안녕의 손을 흔들었다

흙을 밟고 사는 나는
그녀가 까마득하고 그립다

아프게 그리울 때면
그녀의 목소리가
바람이 되어 나를 위로한다
"우리 나중에 만나요"

지나쳐 간 사람들

이웃을 사랑하라시는 말씀이
자꾸 귀에 거슬릴 때
앤 슬리벤의 얇은 우화집
《지나쳐 간 사람들》이 생각난다

파도에 밀려 모래사장에 얹혀
헐떡이는 물고기 한 마리 곁을
사람들이 한마디씩 하며 스쳐 간다

"왜 그렇게 되었는지 생각해보고 회개해"
"나는 바빠서 너를 구해줄 수 없어"
"아, 파도는 정말 잔인하구나"

귀에 거슬리던 말씀이
이제는 마음까지 찌른다
나는 무슨 말로
불쌍한 물고기를 지나쳐 가는가?

〈 내 속에 아이가 울고 있었네 〉

귀한 줄 모른다

평생을 귀한 것을
귀한 것으로 모르고 산다

네가 귀한 줄 모른다
내가 귀한 줄은 더 모른다

나와 너에게 주어진 시간이
얼마나 귀한지는 더욱 모른다

고약한 기억

하얀 칼라가 눈부셨던 시절
아무것도 그려지지 않은 스케치북을 들고
코스모스 밭에 뛰어들었을 때
흑백의 그림자로 코스모스 한 송이
스케치북에 파르르 떨고 있었다
흑백의 그림이 더 아름다울 수도 있다고
그때 생각했었다

긴 치마를 입은 국어 선생님은
검은 흑판에 흰 분필로 글씨를 쓰면서
글을 쓸 때 '아아! 오오!' 같은 감탄사는
쓰는 것이 아니라고 가르쳤다

그때 이후, 나는 감탄사나 느낌표를
거부하며 살았는지도 모른다
흑백의 무채색이 더 아름답다고 생각하며
살았는지도 모른다

처음 감탄으로 느낌표를 쓴 분은
창조주이신데,
가르쳐주지 않아도 나이가 들면
잃어버리는 것이 느낌표인데,
왜 그 선생님은 그렇게 일찍
우리에게 그걸 가르쳤을까?

나는 지금도 글을 쓸 때면
'아아!'나 '오오!'를 쓰길 망설인다

창조주가 쳐주신 '차암 좋다!'는 감탄사를
내 기억이 거부하려 한다
참 고약한 기억이다

짐

짐을 지고
돕는 자로 살아야 한다는 거
십자가인 줄 알고 살았다

그것이 나를 지탱했던
나의 삶의 의미였음을

그것이 하나님께서
인간을 창조하신 의미였음을

짐인 줄 알았던 네가
훌쩍 떠나 버리자
허리가 썩둑 잘려 나가는
통증을 느끼며 알았다

말

내 말이 화살처럼 날아갔다
허공으로 사라진 줄 알았다
네 가슴에 꽂혀 있는 줄
오랜 지금에야 알았다
이제야
미안하다는 말을 할 줄 알게 되었다

요나의 간증

나는 고집을 부리며 내가 가야 할
반대 방향의 배에 올랐다
그래도 불순종이 두려워
배 밑창으로 내려가
나를 꾸겨 웅크리고 누웠다

파도가 죽일 듯 달려든다
모두 살고 싶어 몸부림을 친다
다 내 탓이다

나를 삼킨 물고기의 역겨운 창자 속에
비릿한 물이 내 영혼을 둘러싸고
바다풀이 내 머리를 휘감을 때
그제야 순종의 기도를 드렸다

내 오만과 편견은
물고기 배 속에 잠시 버려두었는데도

오래된 아집은
니느웨로 가는 발을 자꾸 뒷걸음치게 했다

사흘 동안 걸어야 할 성 둘레를
하루 동안만 돌며 "회개하라"고 외쳤는데
어처구니없게도 그들은
왕과 백성들, 짐승까지 금식하며 회개했다

죄인들에게 재앙을 내리지 않으시고
노하기를 더디 하시는 하나님의 자비에
나는 잔뜩 화가 나 심술을 부렸다

그럼에도
하나님은 박넝쿨로 나를 덮으셨다
큰 기쁨도 한순간
벌레들이 박넝쿨을 갉아 버려
뜨거운 태양 아래 앉아 혼미해진

나는 스스로 죽기를 청했다

하나님께서 말씀하셨다
하룻밤에 났다가 하룻밤에 말라 버린
박넝쿨도 네가 아꼈거든
좌우를 분변하지 못하는 자들을
내가 아끼지 않겠느냐고―

그 자비가 죄인인 나를 살리셨건만
나는 지금도 자주 그 사실을 잊고
좌우를 분변하지 못하고 투덜대다
물고기 배 속으로 들어가곤 한다

〈 우리는 때로 물고기 배 속에 있을 때가 있다 〉

선물

인생이 주어진 선물이었다는 것을 알았다면
포장을 푸는 신비에 가슴이 설렜다면
주신 이에게 감사할 수 있었다면

인생을

좀 더 반기며 살 수 있었을 텐데
좀 더 설레며 살 수 있었을 텐데
좀 더 감사하며 살 수 있었을 텐데

어둠

빛 속에서 산다면서

그림자 하나

깊은 심연에 끌어들여

어두운 웅덩이 하나 만들어 놓았다

어둠이 싫다고

새 한 마리 훌쩍 떠나고

꽃 한 송이 시들어 버렸다

너도 떠나 버렸다

정말 정말 어둠이 싫다고

웃음이 사막으로 떠나 버렸다

어느 나무 이야기

나무들도 꿈을 꾼다
이천 년도 더 된 옛날에도
나무들은 꿈을 꿨다

관리의 책상이 되거나
부자의 침대가 되거나
성전의 떡 상이 되는 꿈을 꿨다

다만 나무들이 절대로 되고 싶지 않은
소원 같은 것 하나 있었는데
십자가 형틀은 되지 않기를 간절히 원했다
나무들도 그건 저주라고 생각했다

키만 크고 볼품없는 나무 한 그루도
형틀이 되지는 말기를 기도했었다
그럼에도 그 나무는 십자가 형틀이 되었다
나무는 절망했다

그러나
골고다 언덕에
십자가로 높이 세워졌을 때
세상 죄를 지시고
피 흘리시는 그분의 신음에
나무는 숨죽여 울었다

제 몸의 못 자국보다
그분의 아픔이 더 아파
소리도 내지 못하고 울었다

부활절 아침

강의를 끝내고 돌아오던 늦은 밤
경사진 둔덕길 위에 있는 집을 향해
물먹은 솜처럼 축 처져서 올랐다

별은 보이지 않고 검은 비로드 같은 밤이
지친 어깨 위에 내려앉았다

"내가 전하는 말씀에
사람들은 행복하다는데
나는 왜 행복하지 않을까?"
혼자 중얼거리며 어둠의 둔덕을 올랐다

그런데 누가 들은 걸까?
누가 내 등을 밀어주는 걸까?
무겁게 끌리던 두 다리가 깃털처럼
가벼워지면서 날 듯이 집으로…
그래, 그렇게 표현할 수밖에 없다

그 밤, 나는 어미 품에 안겨 자는 새 새끼처럼
생각도, 꿈도, 세상도, 모두
'쉿' 정지된 그런 공간에서 잠을 잤다
나는 내 존재의 무게조차도 느끼지 못했다

아침 햇살에 눈을 떴을 때
밀물같이 몰려오는 행복감
내 방에 있는 책상도 장롱도
한구석에 놓인 쓰레기통까지
아무것도 변한 것이 없는데
나는 행복했다

행복이라는 표현이 부족할 만큼 행복했다
그날은 부활절, 빛나는 아침
주님께서 어둠을 이기신 부활절 아침이었다

〈 쉴 만한 물가으로(시편 23편) 〉

동행

'암'이라는 의사의 말에
나는 의외로 담담했다
크고 부드러운 손이 내 가슴을
가만히 눌러주고 있었다

'큰일났다'고 생각한 것은
내 일정 때문이었다
달력에 약속된 말씀 사역 일정이
빼곡히 쓰여 있었다

"미안합니다. 기도해 주십시오"
일일이 연락을 하고 있는데

인턴이 들어와서 내 얼굴을 보더니
주저하며 물었다
"저 혹시 병명을 아세요?"

"예, 암이라면서요"
인턴은 놀란 얼굴로
"용감하시네요"
하고 얼른 나가 버렸다

수술실로 들어가는데
시편 23편이 나를 안고 있었다

…내가 사망의 음침한 골짜기로
다닐지라도 해를 두려워하지 않을 것은
주께서 나와 함께 하심이라…

수술대 위의 나는
푸른 초장에 누인 듯 편안했다
놀라운 평강으로 함께 계신 분께
'주님과 동행하는 자의 복이군요'
나는 작은 소리로 속삭였다

내가 너를 안다

금식기도원으로 가는
작은 버스에 오르며
나는 회초리 맞을 준비를 했다

율법이 죄의 치부책을 들고
일일이 내 잘못을 고발할지도 모른다
나는 우울한 얼굴을 차창에 기댔다

성도로 살지 못한 죄
상처 주고 상처 받은 죄
그래도 성도로 살려고
발버둥 치며 살았던 삶에
나는 지쳐 있었다
피곤이 어깨를 한껏 눌러댔다

기도원 안에서는
찬양 사역자들이 방방 뛰며

찬양을 드렸고
사람들은 손을 들거나
손을 떨며 '주여'를 외쳤다
나는 사각형 방석 위에 앉아
우울한 얼굴로 십자가를 바라보았다

강사 목사는 목에 핏대를 세우며
회개하라고 외쳤다
나는 죄인으로 지친 기도를 드렸다
"참 많이 잘못을 저지르다 왔습니다"
차가운 마룻바닥에 머리를 박았다

피 흘리는 십자가에서
그분이 홀연히 내게로 오셨다
어찌 표현할까?
그 사랑을,
그 선하심을…

놀라운 평안이 나를 감싸 안았다

"사랑하는 딸아, 내가 너를 안다"
나는 폭발하듯 울음을 터뜨렸다
엉엉 소리쳐 울었다
네모난 방석이
눈물 콧물로 흥건히 젖을 때까지

지난해 가을이

생각이 많아지는 날엔 시를 읽는다
책꽂이에 꽂힌 시집 한 권 펼쳐 드니
지난해 가을이 거기 있었다

노랑나비 날개 같은 은행잎
부챗살 잎맥이 선연한 빨간 단풍잎
초록과 붉은빛이 곱게 얼룩진 담쟁이 잎

지난해 가을비 내리던 날
땅에 떨어져 빗물에 함초롬히 젖어 있는
가을 나뭇잎들이 너무 고와
물기를 닦아 책갈피에 꽂아두었었다

누군가 가을을 앓는 이에게
사랑으로 건네리라 마음먹었었는데
그 나뭇잎들이 책갈피 속에서
빳빳하게 말라 버렸다

아스러질 것 같은 나뭇잎을
손에 들고 들여다보노라니

'사랑의 표현이 늘 생각 안에 갇혀
물기를 잃어버리는구나' 하는 생각이 든다

누군가에게 함축된 가을의 언어인
나뭇잎 한 장 건넸더라면
그의 가을 어느 한순간이 풍성했을 것을

작은 사랑의 표현에 언제 익숙해지려나

너를 위한

아끼지 말아야 할 것들을 아낀다

너를 위한 사랑을
너를 위한 감정을
너를 위한 표현을

옷장 속에 챙겨 놓은 옷처럼 아낀다
그것들도 낡아 버린다는 것을 모른다

〈 봄날의 화원 〉

가시 둥지

미움을
곱씹고
곱씹고
그래도 삭이지 못해
목구멍에 걸고

가시로 둥지 틀고
앉아 있는 새

푸른 하늘 내리고
노을이 져도
자신밖에 울 줄 모르는 새

찢긴 날개를
바람 탓으로
나뭇가지 탓으로
빙빙 돌리며

새살이 돋아남도

모르고

울고 있는 새

동역자

그가 새 차를 뽑았다고 했다
"어디에 앉으시면 편하실까
생각하며 이 차를 샀습니다"

차도 없이 여기저기 돌아다니며
사역하기 힘들다는 혼잣말을
성령께서 들으신 모양이다

그는 대기업에 다니는 바쁜 사람이다
그럼에도 말씀 사역을 하는
나를 태우고 전국을 돌았다

비가 억수로 쏟아지는 날에도
지열이 뜨겁게 차 바퀴를 달구는 날에도
그는 나를 태우고 달렸다

부산 영락교회에 다녀오던 날

썰렁한 새벽 세 시의 서울역에
차를 끌고 마중 나온 사람도 그였다
차 시간을 못 맞출까 봐
밤새 교회에서 철야를 하고 왔다는 그는
그날도 쉴 틈 없이 바쁘게 일했을 것이다

어느 지방 교회로 가던 눈이 오던 날
밥 먹을 시간도 없어
차 안에서 빵 쪼가리를 나눠 먹으면서
"미안하고 고맙다"고 했다
"이건 제 사역입니다"
그가 빵을 꿀꺽 삼키며 대답했다

제승이 엄마

그녀가 단숨에 달려왔다
부랴부랴
백수의 시아버지 점심상도
쌍둥이 손주들을 돌보는 일도
뒤로하고 그녀가 달려왔다

그녀는 나를 '우리 선생님'이라고 부른다
나는 그녀를 '제승이 엄마'라고 부른다
초등학교 제자였던 제승이가
이제는 어린 딸이 있는데도
우리는 서로를 그렇게 부른다

악플로 내 자존심이
나락으로 떨어졌다고 하자
제승이 엄마는
부지런히 동아줄을 꼬아
내 자존심을 끌어 올리느라 안간힘을 썼다

그녀는 꼬박 이틀을 나와 붙어 있었다
바람이 시원하게 부는 곳으로
꽃이 예쁘게 피는 곳으로
음식이 맛있는 곳으로
비틀거리는 내 자존심에
날개 하나 달아주려 안간힘을 썼다

"우리 선생님은 누가 흙을 묻혀도
 보석이에요. 이 세상 보배예요"

내 어둠에 등불을 다는
그녀의 따뜻한 얼굴에
서글픈 미소를 보내며

나는 속으로 대답했다
'하나님이 내게 보내주신 보배는
 제승이 엄마예요'

타인의 거울

백설 공주의 계모는
거울에게
누가 제일 예쁘냐고 물었다
그녀는 거울의 말로
자신을 만들었다
'누군가보다 미운 나'로–

그래서 독사과를 만들었다

너를 '그러한 사람'으로
누가 정의를 내렸는가?
너의 거울은 누구인가?

너의 거울이
'너는 이렇고 이런 사람'이라는
굴레를 씌우지는 않았는가?

이제 너는 타인의 거울로

너를 보아서는 안 된다

너를 지으신 창조주의 거울은

너에게 이렇게 말한다

"심히 좋다!"

깨어진 항아리에 꽃 한 송이 피어올랐다

초판 1쇄 발행 2025년 2월 20일

지은이 오인숙

펴낸이 여진구
책임편집 이영주 박소영
편집 최현수 구주은 안수경 김도연 김아진 정아혜
책임디자인 노지현 정은혜 | 마영애 조은혜
홍보·외서 진효지
마케팅 김상순 강성민   마케팅지원 최영배 정나영
제작 조영석 허병용   경영지원 김혜경 김경희

303비전성경암송학교 유니게 과정
이슬비전도학교 / 303비전성경암송학교 / 303비전꿈나무장학회

펴낸곳 규장

주소 06770 서울시 서초구 매헌로 16길 20(양재2동) 규장선교센터
전화 02)578-0003 팩스 02)578-7332
이메일 kyujang0691@gmail.com   홈페이지 www.kyujang.com
페이스북 facebook.com/kyujangbook   인스타그램 instagram.com/kyujang_com
카카오스토리 story.kakao.com/kyujangbook
등록일 1978.8.14. 제1-22

책값 뒤표지에 있습니다.
ISBN 979-11-6504-597-5 03230

규 | 장 | 수 | 칙

1. 기도로 기획하고 기도로 제작한다.
2. 오직 그리스도의 성품을 사모하는 독자가 원하고 필요로 하는 책만을 출판한다.
3. 한 활자 한 문장에 온 정성을 쏟는다.
4. 성실과 정확을 생명으로 삼고 일한다.
5. 긍정적이며 적극적인 신앙과 신행일치에의 안내자의 사명을 다한다.
6. 충고와 조언을 항상 감사로 경청한다.
7. 지상목표는 문서선교에 있다.

하나님을 사랑하는 자 곧 그의 뜻대로 부르심을 입은 자들에게는 모든 것이 合力하여 善을 이루느니라(롬 8:28)

규장은 문서를 통해 복음전파와 신앙교육에 주력하는 국제적 출판사들의
협의체인 복음주의출판협회(E.C.P.A:Evangelical Christian Publishers
Association)의 출판정신에 동참하는 회원(Associate Member)입니다.